D'UNE

COMBINAISON

FINANCIÈRE

POUR

RÉDUIRE L'INTÉRÊT DE LA DETTE.

De la réduction de l'intérêt de la dette.

Des combinaisons proposées pour l'opérer.

Des avantages et des inconvéniens de ces combinaisons.

De la combinaison que nous proposons.

Des avantages et des inconvéniens de cette combinaison.

Comparaison de cette combinaison avec celles déjà proposées.

Imprimerie et Fonderie de Félix-Locquin et Comp.,
16, rue Notre-Dame-des-Victoires.

D'UNE

COMBINAISON

FINANCIÈRE

POUR

RÉDUIRE L'INTÉRÊT DE LA DETTE.

Par M. A. RABUSSON.

PARIS

DELAUNAY, LIBRAIRE,

PALAIS-ROYAL.

1838.

D'UNE

COMBINAISON

FINANCIÈRE

POUR

RÉDUIRE L'INTERÊT DE LA DETTE.

De la réduction de l'intérêt de la dette.

Je suppose résolue la question du droit de l'état à rembourser la dette, et ne traite ici que de la combinaison financière la plus convenable pour en réduire l'intérêt.

La réduction de l'intérêt de la dette n'est pas une question simplement financière ; elle est encore politique et commerciale. Politique, car on compte à Paris 60 mille rentiers par le 5 ; et, au terme moyen de trois personnes par rente, 180 à 200 mille intéressés. C'est le cinquième de la population et ce cinquième doit presque exclusivement se composer de cette classe moyenne qui fait le plus solide appui du gouvernement. Commerciale, car il s'agit de deux milliards, et une pareille valeur ne peut être mise en mouvement sans influer d'une manière directe sur toutes les autres valeurs et sur toutes les transactions commerciales; et, s'il arrivait que la combinaison financière adoptée ne fût pas à l'abri de tout reproche moral, elle deviendrait encore question de morale gouvernementale. Enfin, comme le point de droit que nous avons écarté n'est point résolu aux yeux de tous, on juge aisément que la réduction porte en elle de sérieuses difficultés et qu'elle exige une grande prudence.

Des combinaisons financières proposées pour l'opérer.

Nous examinerons celle qu'on prête au gouvernement, et les deux qui ont été développées à la chambre, par M. Humann et par M. Laffitte, dans la session de 1836.

Celle du gouvernement consisterait à réduire le 5 en 4 1/2, c'est-à-dire d'un *dixième* : celle de M. Humann, à le réduire de 5 en 4, c'est-à-dire d'un *cinquième;* mais en y ajoutant 8 annuités, ce qui équivaut à reculer le réduction de huit ans: celle de M. Laffitte, à le réduire, selon le choix du rentier, ou de 5 en 4, c'est-à-dire d'un *cinquième;* ou, en deux fois, de 5 en 4 1/2 d'abord, puis une seconde fois de 4 1/2 en 3 1/2, quand la rente sortirait des mains du rentier ; c'est-à-dire d'un *dixième* d'abord et de *deux autres dixièmes* ensuite.

On voit que dans la seconde condition, la réduction est plus forte de moitié.

Des avantages et des inconvéniens des combinaisons proposées.

Les avantages de la combinaison du gouvernement consistent en ceci, qu'elle est simple et facile à saisir ; qu'elle retient un grand nombre des rentiers dans les nouveaux emprunts, parce qu'elle ne réduit que d'un dixième ; qu'elle affecte peu les choses politiques et commerciales et qu'elle peut s'accomplir en peu de temps.

Ses inconvéniens, en ce qu'elle ne donne qu'un faible résultat financier ; qu'elle laisse suspendue sur la rente la menace d'une nouvelle réduction, et laisse, par là, peser sur le crédit tout le poids d'un fonds qui ne peut prendre son développement ; qu'elle frappe tout le monde à la fois et immédiatement, et qu'elle crée, de la sorte, un ensemble de mécontentemens qui exige une certaine attention ; enfin, qu'elle ne peut échapper à un blâme moral, parce qu'elle offre tout le remboursement à la fois, bien qu'elle ne puisse l'accomplir.

Pour nous rendre compte de ses résultats financiers, nous supposerons que l'opération ne se fera que sur cent millions de rente, au capital de deux milliards (ce qui sera vrai pour ce chiffre le sera pour tout autre), et nous chercherons quels seront les avantages de chaque combinaison au bout de dix ans, parce qu'il en est qui demandent ce laps de temps.

Or, au bout de dix ans, la combinaison du gouvernement donne une économie réalisée de cent millions; elle en ouvre, pour l'avenir, une annuelle de dix.

Comme celle du gouvernement, celle de M. Humann est simple et facile à comprendre. Elle retient les rentiers dans les nouveaux emprunts, car elle leur donne, s'ils y restent, le même intérêt pendant huit ans; elle ne les frappe pas de suite, elle leur laisse le temps de chercher de nouveaux placemens; elle ne brusque rien, et c'est un avantage en matière de gouvernement.

A côté de cela, nous trouvons une partie des inconvéniens signalés tout à l'heure : le développement du nouveau fonds entravé par l'annonce d'une autre réduction, l'absence de moralité dans la mesure, et la création d'une valeur distincte de la rente, qui disparaîtra pour le rentier imprévoyant, et hâtera pour lui l'effet de la réduction.

Sous le point de vue financier, elle offre, au bout de dix ans, une économie réalisée de quarante millions, et elle en ouvre une annuelle de vingt.

La combinaison de M. Laffitte a l'avantage sous

le rapport financier ; mais cet avantage est balancé par des inconvéniens : elle est compliquée, difficile à saisir. Elle frappe de suite, sans délai, sans adoucissement, le rentier qui accepte la réduction du cinquième, et elle l'oblige à l'accepter. Elle entrave le mouvement de la rente dans les mains de celui qui a accepté le dixième. Elle lui prépare des mécomptes, si des circonstances qu'il n'a pu prévoir l'obligent à s'en défaire.

Comme elle se prête à différentes éventualités, il est difficile de se rendre exactement compte de ses résultats financiers : ils sont subordonnés aux dispositions dans lesquelles se trouveront les rentiers ; mais il est hors de doute qu'ils seront élevés.

Voici ce qu'ils produisent au bout de dix ans, dans l'hypothèse suivante :

On admet qu'un tiers acceptera le cinquième, ce qui donne...................... 66 millions ;

Que les deux tiers prendront le dixième, ce qui donne........... 66 »

Et que, des deux tiers qui auront préféré le dixième, moitié donnera lieu à mutation, ce qui lui fera perdre un cinquième ou........... 66 »

Ensemble........ 198 »

1° A déduire, l'accroissement de

Apport 198   »

capital reconnu au tiers du cinquième et amorti pendant ces dix
ans, en supposant qu'un amortissement de 1 0/0 aura agi sur 666 millions, et qu'il aura amorti au cours
actuel, ce qui donne. . 8 millions

2° Le temps nécessaire pour que toutes les séries se remplissent, et que nous portons à une moyenne d'une année. C'est donc le 10ᵉ des résultats à déduire, ou.. 19   »   } 27   »

Il reste au bout de dix années... 171   »

Et elle ouvre une économie annuelle de 2/10ᵉˢ sur un tiers des ren-
tiers, ou   6   »
De 3/10ᵉ sur un autre tiers, ou..   9   »
De 1/10ᵉ sur le tiers qui n'aura
pas encore donné lieu à mutation,
ou   3   »

Total. 18   »

qui pourront s'élever à 26 millions par an,
quand s'accompliront les autres mutations.

Mais, nous le répétons, combinée heureusement

sous le rapport financier, elle porte en elle tous les caractères d'une rigueur et d'une sévérité extrêmes, et ne peut être indifférente sous le point de vue politique.

De la combinaison que nous proposons.

Elle consiste à rembourser, en réalité, le 5 en dix ans, par dixième chaque année, ou par 200 millions, qui seraient désignés par le sort ; et à donner, en sus du capital, une prime qui serait, pour le 1er tirage, de cinq p. 0/0 et qui décroîtrait d'un demi p. 0/0 ou d'un dixième, à chaque tirage.

Des avantages et des inconvéniens de cette combinaison.

Son principal avantage consiste en ceci, que, remboursant en réalité, vous pouvez profiter de toute la faveur que donne à votre crédit la situation si prospère de vos finances.

Quels seront ses résultats financiers?

Nous admettons que les emprunts nécessaires pour les deux premiers remboursemens, ou 400 millions, pourront être contractés en 4, et le reste en 3 1/2 ; ce qui donne, pour les deux premières années, une économie annuelle de 2 millions et de 3, pour chaque suivante ; et, au bout de dix ans, un total de........... 146 millions.

La prime s'élève à........... 55 millions.

——— ——— ———

L'économie réalisée pendant les
dix années est donc de........... 91 millions.

Et l'économie annuelle, au bout des dix années,
de 28 millions.

De quelle manière l'opération affecte-t-elle la
marche et les besoins actuels de nos finances?

Nous supposons qu'on se propose de consacrer
à des travaux publics une valeur que nous portons, pour l'intervalle des dix années de l'opération,
à un milliard : il en faut deux pour rembourser
le 5, ce qui fait trois milliards.

Or, l'on a, pour y subvenir, 1° les fonds crois-
sans des caisses d'épargne et des communes que
nous évaluons, en nous tenant beaucoup au dessous
des appréciations du ministre des finances (*Moni-
teur* du 23 mars 1836), à .... 350 millions.

2° L'accroissement annuel de
nos revenus indirects, que nous
portons à 6 millions par an (même
appréciation du ministre), ci.... 350 »

3° L'amortissement consacré au
5, de 50 millions; et qui peut très
à propos s'accroître de 10 mil-

——— ——— ———

Report 700 »

Apport   700   »

lions de rentes rachetés par le 3 ;
ce qui donne 60 millions, et, pour
dix ans........................   600   »

4° La partie des rentiers du cinq
qui seront remboursés, et qui ren-
treront dans les nouveaux em-
prunts, évaluée au cinquième, ou   400   »

5° L'économie obtenue pendant
l'opération...................   91   »

Total......   1791   »

C'est donc 1,800 millions que l'on aura à sa
disposition pendant ces dix années. Il reste à demander à l'emprunt 1,200 millions pendant ces
dix ans, ou 120 millions par an.

On voit que l'opération d'un remboursement réel
se mêle sans effort, sans embarras, à la marche et
aux besoins de nos finances. C'est qu'en effet leur
état est si prospère, qu'on peut songer à rembourser en réalité.

Ainsi, au bout de ces dix années, on aura con-
sommé un milliard pour travaux publics, sans emprunts, et diminué la dette du 5, en capital, des
deux cinquièmes, ou de 800 millions. Si les chif-
fres n'étaient pas à l'appui, on serait accusé d'exa-
gération.

Quel sera l'effet de cette combinaison sur le prix de la rente, au marché?

Le jour où la loi est rendue, ce n'est plus une rente; c'est un placement à échéance, comme le sont les bons du trésor, remboursables à un an, deux, ou dix ans de date.

Avec quelles circonstances?

1° Que s'il est remboursé à un an, il le sera avec cinq p. 0/0, en sus du capital, et, d'un demi p. 0/0 de moins, pour chaque année suivante;

2° Que ce placement portera 5 p. 0/0, tandis que l'intérêt sur l'état est de 4; témoin le prix du 3.

La prime de cinq p. 0/0 décroissant d'un demi p. 0/0 chaque année, donne une moyenne de 2 fr. 75 c.; la rente est donc avant tout tirage de 102 fr. 75 centimes.

D'un autre côté, l'avantage de l'intérêt élevé de 5 que produit la rente, peut être évalué à un bénéfice de un p. 0/0 pour chaque année, qui se trouvera avoir été de dix p. 0/0 à la dixième : ce qui donne un bénéfice moyen de cinq p. 0/0.

Par l'effet de la prime, la rente valait déjà, en moyenne, 102 75; elle vaut donc, par l'effet de ce bénéfice, 107 75.

De plus, le tirage annuel pouvait être fait un an ou quinze mois d'avance, afin de donner au rentier, le temps de chercher un autre placement, la rente du tirage, du moment qu'elle est désignée, présente un chiffre et une époque de remboursement qui ne varient plus. Elle devient donc ce que sont les bons du trésor.

Mais on prend ces bons à deux p. 0/0 ; elle a donc en sa faveur un excédant d'intérêt de trois p. 0/0 qui ne l'est plus que de deux , parce que nous avons déjà évalué l'avantage de l'intérêt du 5 à un p. 0/0 de bénéfice.

Mais ces deux p. 0/0 suffisent pour appeler les fonds qui se présentent au trésor. Sur cette différence de deux p. 0/0, nous admettons qu'un et demi p. 0/0 passeront au bénéfice de la rente ; en sorte que chaque dixième, depuis l'époque du tirage jusqu'à celle où il sera remboursé, peut bénéficier de un et demi p. 0/0, qui viennent accroître d'autant le prix moyen de la rente sur le marché ; et qui , de 107 75., le portent à 109 25 : en déduisant un demi p. 0/0, qui peut être nécessaire pour ramener ce prix à l'état de valeur actuelle, il reste 108 75 , le coupon non compris.

Ainsi donc, par l'effet de cette combinaison , la rente, avant tout tirage, doit se présenter sur le marché , avec une valeur de 108 75 , non compris le coupon ; c'est-à-dire que cette combinaison élève le cours plus haut qu'il n'a jamais été. En mars 1836 , il a été à 109 98, coupon près d'être détaché ; ce qui le ramène à 107 48. En conséquence, ceux qui voudraient sortir de la rente avant tout remboursement, pourraient le faire à un prix qu'elle n'a jamais atteint.

La moyenne de 108 75 diminue de 75 c. après chaque remboursement, et donne ainsi la moyenne entre chaque tirage.

Quelle est la valeur que représente aux rentiers chaque remboursement considéré en lui-même?

Le premier est de 105 fr., avec la prime; nous avons évalué à un p. 0/0 l'avantage que présente l'intérêt du 5, et à un et demi, la plus value que viendront offrir les fonds qui alimentent les bons du trésor. Le premier remboursement présente donc aux rentiers 107 fr. 50 c.

Le second est de 104 fr. 50 c., avec la prime: il a déjà donné aux rentiers, la première année, l'avantage que présente l'intérêt du 5, évalué à un p. 0/0; il le lui donne encore la seconde année, ce qui fait deux p. 0/0, et un et demi de plus value qu'il acquiert comme bon du trésor, c'est donc 108 fr. pour le second remboursement; et ainsi de suite. Le neuvième se trouvera avoir touché 111 fr. 50 c., et le dixième 112; toujours le coupon non compris. Telle est la valeur que cette combinaison donne à la rente, avant tout tirage, entre chaque tirage, et à chaque remboursement.

Que feront les porteurs actuels de la rente?

Ceux qui trouveront de leurs fonds un placement favorable réaliseront; et cela, sans qu'un

empressement de leur part puisse affecter sensible-
ment le prix de la rente ; car la limite des varia-
tions est donnée par le prix du premier remboursement, qui représente, comme nous l'avons vu,
107 fr. 50 c. Ceux qui n'auront pas de placement
immédiat attendront le résultat des tirages, avec
cette alternative, que, s'ils ne sont pas désignés par
les premiers tirages, les derniers les laisseront en
bénéfice sur le prix moyen avant tout remboursement.

La rente pouvant être réalisée à 108 fr. 75 c.,
quelle est, en capital, la valeur actuelle que présente tout le 5, à ce prix?

C'est, en sus des 2 milliards, 175 millions, qui
sont représentés par :

1° L'avantage qui résulte de l'intérêt élevé du 5,
évalué à un p. 0/0 chaque année, ou 105 millions.

2° La prime qui sort des caisses
de l'état, et qui est de 55   »

3° La plus value qu'acquiert chaque remboursement, quand il devient bons du trésor, et qui ne sort
pas des caisses de l'état, ou . . 15   »

—————————————————

Total. . 175   »

Quel intérêt, au moyen de ces 108 75, pourra
se conserver le rentier, qui les replacera en emprunts?

Si l'emprunt est à 4, l'intérêt sera pour lui de 4 fr. 35 c.; et s'il est de 3 et demi, de 3 fr. 80 c.

Il est une disposition que le remboursement par parties permet d'adopter. Toute la rente concourt au tirage. On peut en excepter un dixième, qui serait remboursé le dernier, et se composerait des rentiers les plus anciens dans la rente, et du chiffre le moins élevé. C'est une exception, non de remboursement, mais d'ordre de remboursement, que l'humanité ne peut qu'approuver, qui ne porterait qu'un faible préjudice aux autres possesseurs, et que d'ailleurs l'état semble avoir le droit d'imposer, en raison du sacrifice qu'il fait par l'addition de la prime.

Ce dixième réservé acquerrait de suite une valeur à part; ce serait presque un nouveau fonds qui se développerait avec des conditions qui lui seraient propres, et dont l'action ne pourrait que profiter au crédit général. Un autre de ses avantages serait de diviser la masse trop considérable du 5. On aurait le dixième *désigné* devenu bons du trésor, la rente ordinaire et le dixième *réservé*.

On demande ce qui justifie la prime? Nous répondons : L'équité. Le droit a-t-il été clairement établi dans l'origine? Non, témoin la déclaration de la Chambre des députés, qui était inutile, s'il l'eût été clairement. Que fait cependant l'état? Il passe outre; il use du droit, qui n'est pas clair, comme s'il l'était. Or, l'incertitude qui environnait ce droit, ayant eu pour effet de donner lieu, de la part des rentiers, à un état de choses que l'usage du droit est aujourd'hui destiné à changer, ne semble-t-il pas que l'équité justifie, sinon qu'elle appelle le dédommagement que nous proposons.

Qu'est-ce qui détermine la valeur de la prime?

La convenance de maintenir le rapport d'égalité, d'une part, entre le prix que va donner l'état en usant du droit, et le prix vénal de la rente; et de l'autre, entre les divers tirages.

Mais c'est un précédent? Non, c'est simplement une mesure extraordinaire prise pour un cas extraordinaire, et qui ne peut établir de précédent pour un cas ordinaire où tout sera régulier et ordinaire.

Les circonstances de l'origine et des altérations passées du 5, ne sont-elles pas propres à ce fonds? Parce que la nature de ces circonstances autorise un dédommagement, des fonds accompagnés de conditions toutes différentes, qui n'auront eu rien de semblable, seraient-ils fondés à l'invoquer comme un précédent? Et en résumé, la position de l'état dans cette question ne serait-elle pas plus nette, plus franche et plus facile à la fois, si, tout en reconnaissant ce que les circonstances ont d'exceptionnel, il invoquait le droit, appuyé sur le dédommagement qu'il vient offrir?

Mais s'il survient des évènemens de nature à affecter le crédit? l'opération est suspendue, sans difficulté. Le tirage n'a pas lieu, il est remis à l'année suivante; et tout le monde y gagne : l'état, à ne plus continuer une opération qui, pour ne pas être illusoire, exige des circonstances de crédit qui n'existent plus; le rentier, à voir différer le remboursement de sa rente.

. Mais la combinaison est compliquée et difficile à saisir. Qu'on examine. Chaque année, on rembourse un dixième, que désigne le sort; et chaque remboursement reçoit de moins un demi p. 0[0 : c'est là l'opération. Un dixième ne concourt pas au tirage et sera remboursé le dernier.

Comparaison de cette combinaison avec celles déjà proposées.

Les autres combinaisons tendent à retenir le rentier dans les nouveaux emprunts; et elles ont, à cela, un grand intérêt. Ne pouvant rembourser la totalité de la rente, ce qu'elles offrent cependant, il leur importe que le rentier n'accepte pas leur offre. Aussi, pour cela, que font-elles? Elles adoucissent les conditions que l'état du crédit leur permet d'imposer; elles sacrifient une partie de leurs avantages.

La combinaison actuelle, remboursant en réalité, n'a plus d'intérêt à retenir les rentiers dans les nouveaux emprunts, ni, par conséquent, à sacrifier ses avantages. Et nous ferons remarquer, à ce sujet, qu'il peut être à souhaiter que certaine catégorie de rentiers ne reste plus dans la rente. Il existe une trop grande différence entre le taux auquel vous pouvez aujourd'hui contracter vos nouveaux emprunts et celui que vous avez servi aux rentiers jusqu'à ce jour, pour que celui à qui le chiffre de son revenu ne donnait que le strict nécessaire, puisse le subir. S'il y reste, ce ne sera que froissé. Ne vaut-il pas mieux qu'il en sorte, que d'y rester avec ses mécontentemens; et qu'il aille demander à l'industrie, à une autre nature de placemens, un intérêt que vous ne pouvez plus lui donner, et dont d'autres fonds moins exigeans, sous l'empire d'autres circonstances, pourront se contenter. Remarquez que la sortie de ces rentiers de la rente n'aura rien de brusque; qu'elle ne sera pas générale, mais bien partielle; que ce ne sera que successivement que ces fonds, devenus libres, chercheront de nouveaux placemens; qu'ils pourront donc se classer sans encombrement, sans embarras et à l'aide du développement graduel de l'industrie et des affaires; et c'est ici que la mesure peut réaliser une des espérances qu'on en a conçues : celle de voir plus de capitaux se porter dans l'industrie. D'autres fonds viendront, il est vrai, prendre la place de ceux qui sortiront de la rente; mais toujours est-il qu'il y a plus de probabilités pour que l'industrie recueille une partie de ces fonds, par cela qu'ils se déplaceront, qu'il n'y en aurait, si l'on adopte les combinaisons où l'on tend à retenir ces mêmes fonds stationnaires dans la rente.

On dit que cette combinaison a l'inconvénient d'imposer à l'état un sacrifice de 55 millions, celui de la prime. — Nous avons déjà fait remarquer que ce sacrifice offrait l'avantage de se présenter comme un dédommagement équitable à l'usage d'un droit qui n'a pas été, dans l'origine, clairement établi ; et, par là, d'affaiblir les plaintes, dans la conscience des rentiers. Nous ajouterons que, sous le rapport financier, elle ne fait que ce que font les autres combinaisons. Les annuités de M. Humann n'en sont-elles pas un, et d'un chiffre plus élevé ? Elles ont pour effet, il est vrai, de remédier à l'inconvénient de voir les rentiers sortir des nouveaux emprunts; mais si cet inconvénient n'existe pas dans la combinaison proposée, le sacrifice de M. Humann perd toute son utilité, et ne reste plus qu'un sacrifice d'un chiffre supérieur.

La combinaison de M. Laffitte en impose un également; comme elle peut amener des résultats très variés, il n'est pas aisé de les prévoir d'une manière certaine, ni de déterminer exactement le sacrifice qu'ils peuvent entraîner. Quoi qu'il en soit, en proposant au rentier de la rente 3 1/2 à 87 50, c'est deux fois un sacrifice que fait M. Laffitte.

En premier lieu, le 3 est aujourd'hui, au marché, à 80 fr.; le 3 1/2 de M. Laffitte représente donc, au marché, une valeur de 93 33. Or, il le vend aux rentiers 87 50; c'est donc un sacrifice, en leur faveur, de 5 fr. 83, ou 6 fr. 66 c. p. 0/0. Si un tiers des rentiers l'accepte, ce serait, sur 666 millions de capital, un sacrifice de 44 millions.

En second lieu, outre ce premier sacrifice, M. Laffitte en fait un second. En vendant aux rentiers cette même rente, qui vaut 93 33 au marché, il lui reconnaît un capital de 100 fr. C'est comme s'il lui disait : Voici 3 1/2 de rente; je vous la vends 93 fr. 33 c., et je ne vous la rembourserai qu'à 100 fr. : c'est-à-dire, en vous donnant, en sus de votre capital, 6 fr. 77, ou 7 fr. 25 p. 0/0. C'est donc un second sacrifice ajouté au premier. Ce second serait de 48 millions; et les deux ensemble, de 92 millions.

Il faudrait, il est vrai, pour que ces 92 millions fussent un sacrifice réel, dans leur totalité, que la nouvelle rente 3 1/2 montât immédiatement au pair, et fût toujours amortie à ce taux, ce qu'on ne peut admettre; mais on peut croire cependant

que nous entrons dans une ère de prospérité financière; qu'il y a beaucoup de probalités, pour que
le prix de la rente se maintienne élevé; que si, en
moyenne, elle s'amortit seulement au taux actuel,
la réalité du premier sacrifice doit dès lors être ad-
mise; qu'enfin, s'il arrivait que l'accroissement des
revenus permît de songer à amortir une partie plus
considérable de la dette, ce que pourront amener
les fonds qui affluent au trésor, le sacrifice deviendrait de plus en plus sensible. Quoi qu'il en soit,
bien que l'on ne puisse le déterminer, toujours
est-il que c'en est un. La combinaison proposée ne
fait donc, en cela, rien que ne fassent les autres.

Celle du gouvernement n'en fait pas; mais on a
vu combien elle est incomplète.

La combinaison de M. Laffitte offre aussi l'alternative d'une réduction par mutation. Il importe
de bien se rendre compte de ce qu'est, et en elle-
même et dans ses effets, la transaction sur laquelle
repose ce mode de réduction.

En premier lieu, le mode de réduction par mutation a l'inconvénient de mettre des entraves à la
transmission des rentes, du moins des rentes natu-
rellement mobiles; et le mouvement des affaires
doit s'en ressentir. Toute opération commerciale,
par exemple, qui demandera la réalisation préala-
ble d'une rente, et le cas se présente fréquemment,
devra, pour être possible, supporter, avant tout, la

perte du un p. 0/0 de cette mutation : il y aura donc entrave.

Ensuite, à quoi se ramène cette transaction? à dire aux rentiers : Je vous rembourse aujourd'hui, ou consentez à être réduits quand la rente sortira de vos mains ? C'est un avantage qu'accorde la transaction, en échange d'un autre qu'elle retire. Celui qu'elle accorde, c'est que la réduction est reculée ; celui qu'elle retire, c'est qu'on ne lui demande pas le remboursement, qu'elle ne pourrait fournir.

Mais au fond de cette transaction, il y a un marché de rente. L'état achète une rente qu'on lui livrera, dans deux, dans quatre ans ; et le marché repose ici, non plus sur le chiffre du capital, mais sur celui de la rente. Or, ce marché est-il régulier? du moins, s'il l'est, est-il moral? Qu'arrivera-t-il, si le crédit fléchit, et qu'en même temps, par des circonstances personnelles, le rentier se voie dans la nécessité de se défaire de sa rente ? qu'il se verra réduit de 5 à 4, par exemple, dans le temps même que l'état peut-être empruntera à 5, ou au-delà. Y-a-t-il moralité dans une pareille contradiction ? et ce résultat ne démontre-t-il pas que le marché en lui-même, tout régulier qu'il peut être, n'est qu'un marché à terme éloigné, où d'un côté l'état achète, et de l'autre le rentier vend, à un prix déterminé d'avance, à 4 fr. par exemple, une rente qui, lorsqu'on la livrera, par quelque cause que ce soit qu'on la livre, ce qui ne change rien à la nature du marché, pourra valoir 5 ou peut-être 6? Le marché est-il moral?

Cette transaction aura encore pour résultat, dans d'autres circonstances, de forcer la volonté du rentier. Que les évènemens aient pour effet, non plus seulement de faire fléchir la rente, mais d'alarmer le rentier sur l'existence même de son capital, sa volonté ne sera-t-elle pas entravée? Il a bien l'intention de garder; mais s'il garde, il croit son capital compromis. Or, s'il réalise, il se voit réduit. Y a-t-il encore moralité dans cet effet de la mesure?

Mais la combinaison proposée est longue dans son exécution; elle demande dix années, et de semblables opérations doivent être promptement menées à fin.

Dans quel cas cela est-il nécessaire?

Quand on embrasse l'opération dans son entier, parce qu'alors on se charge d'un fardeau tellement lourd, que le plus tôt qu'on en sera débarrassé, sera le mieux; parce qu'on offre de rembourser en totalité, bien qu'on ne le puisse, et que s'il survient quelque évènement politique ou commercial, de nature à faire que cette offre soit acceptée, le succès de l'opération se trouve compromis. Mais s'il en est autrement, si l'on rembourse par parties et en réalité, la durée de l'opération a-t-elle la même importance ?

Mais vous avez 400 millions à des étrangers, ils ne vous les ont apportés, et ne vous les laissent, qu'autant que vous leur en donnez un intérêt élevé : ils vous les redemanderont.

Nous dirons d'abord que l'objection s'adresse à toute combinaison qui voudra être complète ; à celle de M. Laffitte, entre autres ; et que celle-ci offre toujours l'avantage que ce n'est que successivement que ce retrait aura lieu ; nous ajouterons que les fonds des caisses de l'état les leur rendront, puisque nous avons vu que, par l'accroissement des revenus publics, et les produits des caisses d'épargne, l'état pourra, tout en consommant un milliard, rembourser encore 800 millions de la dette.

Il n'est pas besoin de faire remarquer que la combinaison proposée laisse entière la question de savoir s'il y a utilité à créer la nouvelle rente en 3 1/2, 3 ou 2 1/2. Nous nous bornerons à faire observer que la création d'une rente 3 0/0, par conséquent avec un capital fictif de 25 0/0, équivaut à l'abandon, par l'état, du droit de rembourser dans l'avenir. Il y a, dans chaque pays, des limites données à l'abaissement de l'intérêt, et qui résultent des conditions sur lesquelles y repose le crédit. En Angleterre, où elles sont le plus favorables, le 3 est à 93, et n'a jamais atteint le pair. Créer du 3 , c'est donc créer une rente qui ne sera jamais remboursée. On peut le faire, on en a le droit. Mais nous demandons s'il n'y a pas contradiction à le faire, c'est-à-dire à renoncer indirectement au droit de rembourser à l'avenir, dans le temps même que, par rapport au 5 , vous revendiquez ce droit qui vous est si vivement contesté; ou si, du moins, la nécessité de faire accepter cette contradiction par l'opinion, ne vient pas fournir un argument de plus pour la création de la prime proposée?

En résumé, considérée sous le point de vue politique, la combinaison proposée peut s'accomplir sans inconvénient : elle ne laisse au rentier aucun motif de plainte qui soit fondé. L'état a les fonds , il les a en réalité, et il les restitue : il fait plus, il les restitue à un cours que n'a jamais atteint la rente; et, pour cela, il s'impose un sacrifice de 55 millions. Si donc l'usage du droit n'est pas à l'abri de toute contestation, le dédommagement dont on l'accompagne semble de nature à satisfaire l'équité. Le rentier ne peut plus se plaindre que d'une chose, c'est que l'état ne veuille plus continuer à être son débiteur aux mêmes conditions; mais une telle plainte est sans force. Ajoutons que ce ne sera pas pour tous à la fois que l'état cessera d'être leur débiteur; et qu'il ne cessera de l'être , pour les plus anciens parmi eux, qu'au bout d'un laps de temps de dix années.

Sous le point de vue commercial, d'une part, elle évite les perturbations qui suivent les grands mouvemens de capitaux; de l'autre, en remboursant en réalité, elle donne lieu à un déplacement successif, qui ne pourra que profiter à l'industrie.

Sous le point de vue moral, elle est à l'abri du reproche qu'on adresse à celles qui embrassent l'opération dans son entier, d'offrir un remboursement qu'elles ne peuvent accomplir; de celui auquel donne lieu la réduction par mutation, de reposer sur un marché à terme éloigné; et de celui enfin, auquel expose la création d'un capital fictif, de renoncer à un droit qui est contesté, dans le temps qu'on le revendique.

Sous le point de vue financier, elle atteint, aussi complètement qu'il est possible de le faire, le double résultat qu'on se propose par l'opération; et qui est, d'une part, de réduire le plus possible les charges de l'état : on a vu que sous ce rapport, ses effets dépassent ceux des autres combinaisons; et de l'autre, de rendre au crédit public tout son développement : or, elle le dégage des entraves que, dans une proportion plus ou moins sensible, sont obligées de lui conserver encore les autres combinaisons, intéressées à retenir les rentiers dans les nouveaux emprunts. Et, en réalisant de la sorte l'opération aussi complètement qu'elle le fait, elle ne fait rien qui excède les facultés actuelles de nos finances, ou mieux, rien que n'oblige à faire l'état si prospère où elles se trouvent.

FIN.